PAIDEIA
ÉDUCATION

MIXTE
Papier issu de sources responsables
Paper from responsible sources
FSC® C105338

ÉMILE ZOLA

La Bête humaine

Analyse littéraire

© Paideia éducation.

22 rue Gabrielle Josserand - 93500 Pantin.

ISBN 978-2-75930-102-7

Dépôt légal : Septembre 2023

Impression Books on Demand GmbH

In de Tarpen 42

22848 Norderstedt, Allemagne

SOMMAIRE

- Biographie de Zola.. 9

- Présentation de *La Bête humaine*............................ 15

- Résumé du roman.. 19

- Les raisons du succès............................. 33

- Les thèmes principaux............................ 39

- Étude du mouvement littéraire.................................. 45

- Dans la même collection... 49

BIOGRAPHIE

ZOLA

Émile Zola est né le 2 avril 1840 à Paris. Son père est italien, il meurt d'une pneumonie en 1847. C'est donc par sa mère et sa grand-mère, Henriette, que l'auteur est élevé. Il restera toute sa vie très proche de ces deux figures maternelles.

Il fréquente le Collège d'Aix en Provence où il rencontre notamment Paul Cézanne qui lui transmet son goût pour la peinture. Ils resteront meilleurs amis pendant de nombreuses années jusqu'à la rupture totale suite à la publication de l'œuvre de Zola.

Très vite passionné par la littérature, il affirme vouloir devenir écrivain. Il quitte donc en 1858 la province d'Aix pour rejoindre sa mère à Paris afin de tenter sa chance et trouver le succès avec ses écrits.

Sa mère vit dans de modestes conditions suite au décès de son mari, cette situation fragilise Émile qui se constitue petit à petit un cercle d'amis majoritairement aixois.

L'année qui suit est une année d'échecs. En effet, en 1859, Zola rate à deux reprises son baccalauréat *ès sciences*. C'est aussi l'époque de la découverte de l'amour avec Berthe, une prostituée qu'il se met en tête de sauver pour une meilleure vie. Mais en vain, la dure réalité fait échouer ses plans. Cette expérience lui inspire son premier roman *La Confession de Claude* en 1860 – 1861.

Zola se positionne au cœur du mouvement impressionniste et côtoie de près des peintres majeurs tels que Sisley, Manet, Pissarro, Renoir et Jongkind. Cézanne fait aussi partie du tableau jusqu'à la fin de leur amitié. En effet, Cézanne rompt les liens en 1886, persuadé d'avoir été le modèle du personnage Claude Lantier dans L'œuvre de Zola, qui met en scène un peintre raté et sa chute.

Après deux mois de travail aux docks de la Douane en 1860, Zola décide de démissionner et entre finalement chez

Hachette comme commis dans une librairie en 1862. Il découvre alors le monde de l'édition et apprend les rouages du métier.

L'auteur rencontre sa future épouse deux ans plus tard. Éléonore Alexandrine Meley se fait appeler Gabrielle en hommage à sa fille qu'elle a du abandonner à l'assistance publique à l'âge de 17 ans.

Les choses s'accélèrent pour Zola qui multiplie les collaborations dans les journaux de 1863 à 1866. Il travaille le plus souvent sur des critiques littéraires et artistiques. Il profite de l'essor de la presse qui voit son lectorat grandir et se populariser. Écrire dans les journaux représente une opportunité, celle de se faire connaître du grand public et d'y exercer sa plume. Zola perce dans les journaux du Nord de la France. Il contribue entre autres à *L'Événement* et à *L'Illustration*.

Il publie une centaine de contes, tous publiés en feuilleton et devient une figure reconnue du journalisme polémique. Les Contes à Ninon reçoivent un accueil favorable en 1864.

Mais Zola traverse une période financière difficile. Il quitte Hachette pour entrer à La Tribune et à La Cloche en 1868 et s'en prend violemment au Second Empire. Ses talents de chroniqueur sont très appréciés.

Le roman *Thérèse Raquin* qui annonce le cycle des Rougon-Macquart est publié en 1867.

Après une longue période de journalisme, Zola va se consacrer pendant vingt-deux ans au Rougon-Macquart dont le sous-titre est *Histoire naturelle et sociale d'une famille sous le Second Empire*.

Il se marie enfin avec Alexandrine en 1870, date qui marque également le début du conflit franco-prussien. Zola n'y participe pas car il n'est pas mobilisable.

Son roman *La Curée* est censuré par le gouvernement en 1871 mais Zola poursuit sa lutte et croit en la République.

L'auteur se lie d'amitié avec les Frères Goncourt et rencontre Flaubert. C'est la période des grandes soirées de Médan, un cercle littéraire fait d'amitiés entre artistes comme Tourgeniev ou encore Alphonse Daudet.

Dans ses écrits et notamment dans son roman, *La Faute de l'Abbé Mouret* paru en 1875, Zola s'en prend à l'Église et à ses dogmes de chasteté. Tout au long de sa vie, l'auteur va défendre ce qui lui semble juste comme le Communard Jules Vallès ou bien entendu Dreyfus.

L'Assommoir est publié en 1877 et marque le début des finances positives pour Zola. Il est terrassé par la mort de sa mère et celle de Flaubert en 1880 et peine à remonter la pente.

C'est en 1880 que sa vie est bouleversée. Il tombe fou amoureux d'une lingère, Jeanne, avec qui il a deux enfants. Trois ans de relation secrète plus tard, Alexandrine découvre sa liaison mais concède à maintenir une relation de couple. Sa femme s'occupera même des enfants au décès de Zola, luttant pour qu'ils soient reconnus comme descendants.

Le Roman expérimental publié en 1880 affirme l'esthétique naturaliste de Zola. Véritable chef de file du mouvement, Zola voit l'écrivain comme un scientifique de la vie humaine dont il s'efforce d'observer, analyser les comportements liés à l'hérédité et à la famille. La fresque des Rougon-Macquart explore les méandres d'une famille touchée par la folie.

Zola reçoit la Légion d'Honneur le 13 juillet 1888 et entre à la Société des gens de Lettres en 1891.

S'ouvre ensuite une période de lutte incessante qui va marquer les esprits et entrer dans les livres d'Histoire. C'est bien entendu l'Affaire Dreyfus dans laquelle s'engage Zola à corps perdu. Dans la lettre publique « J'accuse », publié le 13 janvier 1898, Zola défend le soldat Dreyfus, expulsé de l'armée pour une faute qu'il n'a pas commise. L'affaire prend une ampleur considérable ; Zola est jugé pour diffamation publique et condamné à un an de prison. Il s'exile à Londres.

En 1890 parait *La Bête humaine*, roman qui plonge dans l'univers des chemins de fer de Paris.

Par la suite, Émile Zola commence une nouvelle série de romans intitulés *Les Quatre Évangiles* qu'il n'achèvera pas. L'écrivain se porte candidat à l'Académie Française à dix neuf reprises mais en vain, sa réputation de dreyfusard convaincu lui porte sans doute préjudice.

Zola meurt le 29 septembre 1902, intoxiqué par la combustion d'un feu de cheminée dans sa chambre à coucher. Sa femme Alexandrine lui survit. La thèse de l'assassinat n'a jamais été écartée au vue des nombreux ennemis de l'écrivain.

PRÉSENTATION
DU ROMAN

D'abord paru en feuilleton du 14 novembre 1889 au 2 mars 1890 dans *La Vie populaire*, le roman *La Bête humaine* est ensuite publié en volume à la librairie Charpentier. Il constitue le dix-septième volet de la saga familial *Les Rougon-Macquart* après *Le Rêve* (1890) et avant *L'Argent* (1891). Si les avis et critiques divergent, quant à l'exagération de la monstruosité des personnages, le roman marque les esprits. Zola poursuit son écriture de la violence et des instincts primaires d'une famille hors norme sous le Second Empire. Ici, c'est le mécanicien Jacques Lantier, fils de Gervaise Macquart et d'Auguste Lantier, qui est au cœur de l'histoire. Ajouté en dernier dans la généalogie, il est aussi le frère d'Étienne (héros de *Germinal*), de Claude (*L'Oeuvre*) et d'Anna Coupeau (*Nana*).

Habité par une envie de tuer les femmes, Jacques combat son mal être. Il tombe amoureux de Séverine, mariée à Roubaud. Ce dernier a tué le protecteur de sa femme qui avait profité d'elle dans sa jeunesse. Ce trio de personnages va se lier et se délier dans la destruction et la culpabilité.

La Bête humaine est en effet un roman marqué par le pessimisme et la violence. À travers une mise en scène minutieuse et calculée, Zola dévoile un récit fait de chocs où l'amour est inséparable de la pulsion de mort. C'est une véritable plongée dans le monde du chemin de fer de la fin du XIXe siècle symbolisée par la femme-locomotive, la Lison, la machine qu'accompagne Jacques Lantier dans sa course effrénée.

Celle qu'on imagine d'abord incarner cette *Bête humaine* laisse peu à peu place à la vision d'autres monstruosités, permettant au lecteur de s'interroger sur l'humain et ses vils instincts. Le Progrès face aux instincts primaires de l'Homme, c'est ce que nous propose d'étudier Émile Zola dans ce nouvel opus de la saga Rougon-Macquart à la généalogie toujours aussi dérangée.

RÉSUMÉ DU ROMAN

Chapitre I

Roubaud, sous chef de la gare du Havre se rend à Paris avec sa femme Séverine pour un rendez-vous professionnel. Ils sont logés dans une petite chambre tenue par la mère Victoire, nourrice de Séverine. Cette dernière court les magasins de la Capitale et arrive en retard pour le déjeuner. Affamé, Roubaud qui est une véritable « brute inconsciente » s'impatiente mais parvient à se canaliser par amour. De quinze ans sa cadette, Séverine est une jeune femme pleine de gaieté qui séduit « par le charme ». Après leur repas, le couple est enivré et Roubaud cherche à séduire sa femme qui résiste de toutes ses forces. Séverine dont les parents sont morts très tôt, a été recueillie par l'ancien président influent Grandmorin, cet homme même qui a donné une promotion à Roubaud au moment de leur union. Il figure le protecteur du couple. Soudain, Séverine se met à jouer avec une de ses bagues en forme de serpent orné de rubis, et précise que c'est un cadeau du président. Son mari, à qui elle a toujours dit que l'objet provenait de sa défunte mère, comprend « l'évidence, en quelques paroles échangées ».

Séverine a en effet couché avec Grandmorin. Roubaud entre dans une colère « aveugle » et la bat très violemment à plusieurs reprises jusqu'à ce qu'elle admette sa faute.

Roubaud l'interroge sur tous les détails et sent « au fond de sa chair les lames empoisonnées de sa jalousie », « Maintenant, c'est fini, il ne vivrait plus […] ». Depuis l'âge de seize ans et à chaque séjour passé à Doinville, Séverine devait coucher avec son tuteur. Roubaud lui fait remarquer que Grandmorin pourrait être son père mais elle réfute violemment. Anéanti, incapable de tuer ou de chasser sa femme, Roubaud ressent la nécessité de tuer le président. Pour cela, il oblige Séverine à inviter Grandmorin à prendre le train pour Rouen. Alors que le couple monte dans le train qui les ramène au Havre, ils aperçoivent au loin Grandmorin qui monte discrètement, comme prévu, dans le même train. Pendant ce temps, on apprend que la locomotive, nommée la Lison, est en réparation, obligeant son ouvrier, Jacques Lantier, à rester quelques jours au Havre.

Chapitre II

Jacques rend visite à sa marraine de cœur, Tante Phasie, « dans ce trou perdu de la Croix-de-Maufras ». Elle est persuadée que Misard, son mari, l'empoisonne pour toucher les mille francs d'héritage que son père lui a laissés et qu'elle refuse de partager. Sa fille, Flore, s'occupe de gérer la voie et les barrières avec Misard. Jacques est pris d'un malaise, d'une gêne évidente en présence de la jeune femme.

La nuit tombée, il est attiré par la maison « d'une tristesse lugubre » appartenant à Grandmorin. Il y découvre Flore en train de voler des vieilles cordes. Elle évoque le sort tragique de sa sœur cadette Louisette, violentée par Grandmorin et morte dans les bras de son amant, Cabuche. Flore ressemble à une figure mythique elle est « vierge et guerrière, dédaigneuse du mâle » et jouit d'une liberté entière. Soudain, Jacques la désire. Elle résiste quelque temps avant de lui céder. Lui est pris d'une « fureur, une férocité qui le [fait] chercher des yeux, autour de lui, une arme, une pierre, quelques chose enfin pour la tuer ». Il aperçoit des ciseaux mais se ravise et s'enfuit dans la nuit. Il pense alors à sa famille, se demande d'où lui vient ce trouble, cette envie de tuer. « Et il en venait à penser qu'il payait pour les autres, les pères, les grands-pères, qui avaient bu, les générations d'ivrognes dont il était le sang gâté, un lent empoisonnement, une sauvagerie qui le ramenait avec les loups mangeurs de femme, au fond des bois ». Il n'y a que sur sa machine qu'il s'apaise, il n'a « d'autre avenir que de rouler seul, rouler encore et encore, sans repos. »

Alors qu'il se refuse à rentrer dormir à côté de la chambre de Flore, un train traverse devant ses yeux et il voit furtivement mais distinctement une scène de crime, un homme plantant un couteau dans le cou d'un autre et une troisième personne à genoux. En rentrant chez Tante Phasie, il trouve Misard qui part vérifier un corps sur la voie. En effet, les deux hommes trouvent un cadavre, un « pantin cassé, [une] chiffe molle ». Jacques est fasciné par le corps, lui qui n'ose assouvir sa pulsion, un autre a été capable de le faire. Flore arrive pour voir le mort et l'identifie facilement ; il s'agit du « vieux » Grandmorin. Jacques décide de taire ce qu'il a vu et s'en va dormir sous un hangar avant de reprendre le train.

Chapitre III

Roubaud part travailler de bonne heure et une voisine, Mme Lebleu, aperçoit Séverine déjà levée et habillée, chose rare. Roubaud attend, fébrile, qu'un membre du personnel lui apprenne la mort du président Grandmorin. Quand enfin la nouvelle tombe, toute la gare est aux aguets, sidérée par un tel événement. Roubaud est interrogé et demande sa femme. Le couple réussit à faire preuve de tristesse mais Jacques est interpellé au sujet de l'accident. Il annonce malgré lui qu'il a « bien cru voir quelque chose » ; la scène du crime mais pas l'assassin.

Chapitre IV

Le juge d'instruction, M. Denizet, est en charge de l'enquête qui stagne. Les journaux en rient et font circuler des théories farfelues mettant en cause le gouvernement : « On voulait connaître la vérité, pour la cacher mieux, si nécessaire. » Denizet croit en la culpabilité des Roubaud dont le mobile serait le legs testamentaire de la maison du Croix-de-Maufras à Séverine. Mais en rendant visite à Misard, il tombe sur l'affaire Louisette. Il trouve un pantalon taché de sang chez Cabuche et en fait un suspect.

Un après-midi, le juge réunit les témoins à Rouen. Depuis le drame, Roubaud comble de prévenances Jacques qui frémit à la vue de Séverine. Chaque détail, chaque fait et témoignage sont revus, mais le juge ne trouve rien de nouveau. Berthe et son mari sont interrogés. Ils tentent d'attirer les soupçons sur les Roubaud, jaloux du legs. Puis, la sœur de la victime, Mme Bonnehon, entre dans la pièce. Elle est très connue du milieu bourgeois judiciaire et affirme que la cause du meurtre est le vol des dix mille francs que son frère lui devait. Le juge évoque ensuite les maîtresses de Grandmorin et la mort de Louisette. Mme Bonnehon accorde que son frère a peut-être approché la petite bonne mais qu'il ne l'a pas violée et qu'elle est morte d'une fièvre. Le suspect idéal est donc la brute Cabuche, ancien prisonnier, amant de Louisette qui jure partout vouloir se venger de Grandmorin.

Vient ensuite l'interrogatoire de Jacques et des Roubaud. Le juge réussit à faire dire à Roubaud qu'il a frôlé l'homme, bien plus grand que lui. Jacques pense qu'il était de la taille de Roubaud et soudain, il comprend que ce dernier est l'assassin. Les trois personnes se regardent « jusqu'à l'âme ». Les réponses de Jacques corroborent parfaitement avec la description que fait Roubaud de l'assassin. Le juge confirme la détention de Cabuche qui nie pourtant le meurtre. De plus, il correspond sur beaucoup de points à la description fantaisiste de Roubaud. Denizet exulte mais il reçoit une lettre du ministère qui désapprouve la reprise si rapide de l'investigation. Denizet demande à Jacques si deux personnes auraient pu faire le coup. Les Roubaud paniquent. Le mari demande à Jacques de veiller sur sa femme qui part pour affaires à Paris.

Chapitre V

Séverine arrive à Paris sous prétexte de remercier le chef de gare de Batignolles. Elle cherche à s'attirer l'amitié de Jacques. Ce dernier est toujours aussi troublé car il la désire follement. Séverine est venue en réalité à Paris pour demander la protection de Camy-Lamotte. Mais elle aperçoit le juge Denizet sonnant chez lui. Elle suffoque à l'idée que son sort se joue peut-être à l'instant et pense au suicide. Une fois chez Camy-Lamotte, elle expose les faits, évoquant le besoin de protection au vu des menaces de destitution qui pèsent sur son mari. Ayant trouvé la fameuse dépêche chez Grandmorin, Camy-Lamotte devine que Séverine en est l'auteure et cherche à la sonder par ses paroles. Mais la jeune femme est très convaincante. Séverine se sent « fouillée jusqu'à l'âme par ses yeux pâles d'homme fatigué ». Le fonctionnaire est séduit jusqu'à la phrase de trop : « Des gens comme nous ne tuent pas pour de l'argent. Il aurait fallu un autre motif, et il n'y en avait pas, de motif. » Camy-Lamotte comprend que les Roubaud sont coupables, dès lors, « sous les paroles quelconques, tous deux ne parlaient plus que de choses qu'ils ne disaient point. Il avait la lettre, c'était elle qui l'avait écrite. Cela sortait même de leurs silences ». Camy-Lamotte donnera sa réponse à Séverine vers cinq heures.

Le juge Denizet a entendu toute la conversation mais reste persuadé que Cabuche est le coupable. Camy-Lamotte tait ce qu'il a deviné. Séverine rejoint Jacques pour rencontrer le chef de gare qui est introuvable. Alors ils s'assoient sur un banc et se rapprochent, animés d'une forte complicité. À la question « Vous me croyez coupable ? », Jacques acquiesce. « Mais le lien était noué entre eux, indissoluble [...] L'aveu les avait unis. » Enfin, Séverine retourne chez Camy-Lamotte qui a classé l'affaire. Il préconise que Roubaud ne se mêle à aucune affaire politique et rappelle que « le dossier », c'est-à-dire la dépêche écrite de la main de Séverine est toujours en sa possession. Émue et soulagée, Séverine quitte le cabinet.

Jacques quant à lui prépare sa locomotive, la Lison, avec une appréhension toute nouvelle. Il aime Séverine et la sachant dans train, la machine doit être obéissante et disciplinée.

Chapitre VI

Un mois s'écoule et l'affaire se tasse. Cabuche est relaxé. Le seul malaise reste les affaires de Grandmorin cachées sous la frise de chêne. Séverine fait en sorte de reculer sa chaise « pour n'être pas juste au-dessus du cadavre, qu'ils gardaient ainsi dans leur plancher ». De plus, Roubaud invite Jacques de plus en plus souvent, au déjeuner, en soirée. Les Roubaud s'éloignent l'un de l'autre, et Jacques les délivre. Au fil du temps, Jacques donne rendez-vous à Séverine qui refuse pendant quinze jours puis cède. Ils s'embrassent mais elle refuse de se donner à lui. Leur amitié est sincère. Séverine, qui a subi les exigences de débauche de Grandmorin puis la brutalité de son mari, retrouve une candeur pleine de tendresse et ne souhaite pas coucher avec Jacques afin de prolonger le désir. Jacques, quant à lui, est tellement étonné de ne pas avoir envie de la tuer qu'il n'ose passer à l'acte. Mais un soir d'orage, ils s'abandonnent. Par la suite, ils en viennent même à coucher ensemble dans le lit conjugal de

Séverine. Roubaud devient sombre, « s'épaissit » et se met à jouer sans limite. Il contracte des dettes et en vient même à prendre de l'argent issu du cadavre. Il y a entre Séverine et lui comme « une infiltration du crime ». Chaque vendredi, la femme prétexte un rendez-vous chez le spécialiste à Paris et passe la journée avec Jacques.

Chapitre VII

La neige est épaisse et la route dangereuse. La Lison parait « galoper à sa guise, prise de folie ». Les deux ouvriers, Jacques et Pecqueux ne voient rien sur cette route enneigée qu'ils connaissent pourtant par cœur. Soudain, la Lison, « hors d'haleine », s'essouffle et est bloquée par la neige à deux reprises. La deuxième fois, la Lison est « immobile, et morte » à la Croix-de-Maufras. Misard, Cabuche et Flore accourent et proposent à Séverine de venir se réchauffer chez le garde-barrière. De nombreux passagers se réfugient chez Misard. Flore découvre la relation qui lie Séverine à Jacques et promet de se venger. Le train repart vers six heures du soir mais la Lison a pris « coup au cœur, un froid de mort ».

Chapitre VIII

Arrivés à Paris dans la soirée, Séverine et Jacques se retrouvent dans la chambre de la mère Victoire, la même qui a accueilli dix mois auparavant la scène de violence entre les Roubaud, la pièce même où l'idée du meurtre est née. Séverine ressent un malaise. Mais Jacques arrive, ils boivent, mangent et se retrouvent avec beaucoup de désir. Séverine, « la créature d'amour » emplie d'une « violente passion » ressent un besoin ultime ; celui de tout raconter à Jacques, l'aveu permettant de se donner entièrement à lui. « C'était l'aveu qui revenait, fatal, inévitable. » Elle explique tout, la peur, la paralysie avant le meurtre imminent, les ténèbres de cette nuit-là. Jacques la questionne : « En lui, l'inconnu se réveillait, une onde farouche montait des entrailles, envahissait la tête d'une vision rouge. Il était repris de la curiosité du meurtre. » Il ne parvient pas à dormir et, mu par une force meurtrière, sort du lit et quitte la chambre pour tuer une femme autre que Séverine : « Ce n'était plus lui qui agissait, mais l'autre, celui qu'il avait senti si fréquemment s'agiter au fond de son être, cet inconnu venu de très loin, brûlé de la soif héréditaire du meurtre. Il avait tué jadis. Il voulait tuer encore. » Jacques poursuit des femmes, prend même le train pour Auteuil pour en tuer une mais le temps passe et un trou noir se forme. Il se réveille dans sa petite chambre rue Cardinet, avec une impression de se retrouver dans son corps, lui qui était possédé quelques heures plus tôt. Il rejoint alors Séverine, et évoque la présence dérangeante de Roubaud.

Chapitre IX

Roubaud devient accroc au jeu, se détourne complètement des femmes et néglige son travail. Toujours endetté, il vole la totalité de l'argent du cadavre et Séverine, de rage, dérobe la montre et la confie à Jacques. Un jour, Roubaud surprend les deux amants chez lui mais n'a aucune réaction. Il tolère la liaison, parle encore à Jacques et est pétri d'une indifférence placide pour sa femme. Séverine et Jacques peuvent se voir en toute liberté, le seul désagrément venant de la voisine qui les épie. Dans le logement des Roubaud, une porte de derrière permettrait à Jacques de venir en complète discrétion. Mais Jacques a changé. Il est sombre, prétexte des excuses, des absences et s'épuise au travail pour oublier l'envie de meurtre qui le poursuit lorsqu'il est avec Séverine.

Cette dernière croit qu'il est effrayé de son aveu. Elle imagine maintenant la vie qui s'offrirait à elle et Jacques si son mari était mort. Dès lors, l'idée de tuer Roubaud obsède les amants mais Jacques ne peut s'y résoudre. À la même époque, les Roubaud emménagent dans l'appartement de Mlle Lebleu mais Séverine regrette parfois « son trou ». Elle désespère et Jacques lui promet de surmonter sa peur et de parvenir à tuer son mari.

Chapitre X

Tante Phasie est morte. C'est bien Misard qui l'empoisonnait en glissant de la mort aux rats dans ses lavements. Il cherche partout, à en devenir fou, les fameux mille francs d'héritage. De son côté, Flore ne pleure même pas sa mère, elle est obsédée par le couple Jacques et Séverine. Elle décide de les tuer en créant un accident ferroviaire. Son plan initial ; faire dévier le train en détruisant un bout de rail, échoue. Cependant, elle profite de la visite de Cabuche au chevet de sa défunte mère pour hisser ses chevaux traînant des blocs de pierre, sur la voie. Séverine, pour une fois, se situe en queue de wagon. Le choc est effroyable, sept wagons montent les uns au dessus des autres puis s'écrasent. La Lison montre « une affreuse plaie bâillant au plein air », elle est morte et Jacques sauvé des décombres, veut mourir avec elle.

Séverine emmène alors Jacques et Henri Dauvergne dans sa maison au Croix-de-Maufras.

Les secours s'organisent et l'enquête est ouverte. Flore s'enfuit et décide de se tuer. Elle se réveille en pleine nuit et va marcher sur les rails ; dans le tunnel, le train l'emporte.

Chapitre XI

Séverine prend soin de Jacques dans la maison de la Croix-de-Maufras, « remplie de spectres », dans la chambre même où Grandmorin a profité d'elle. Henri Dauvergne est en bas, en convalescence. Jacques guérit assez vite, apprend que Flore est à l'origine de la catastrophe et qu'elle n'a pas survécu. Jacques observe Misard, qui ne trouve pas le magot, Cabuche qui dort à la fenêtre de Séverine, lui aussi conquis par le charme de la jeune femme. Les absences répétées de Séverine font comprendre à Jacques qu'Henri continue de la courtiser. Elle le lui avoue mais affirme ne pas avoir consommé la relation. De même, elle a compris que Cabuche l'aime mais ne cédera jamais. Elle souhaite recommencer avec Jacques quelque chose de plus doux et de plus simple ; désormais, elle « ne peut plus aimer que [lui] ». Si la jeune femme n'avait pas éteint la lumière, Jacques l'aurait étranglée. Seule l'obscurité l'empêche de passer à l'acte. Et elle d'ajouter : « Il y a, derrière moi, un continuel danger […] Pourquoi ai-je peur ? » Elle lui demande de l'embrasser fougueusement en pleine lumière tandis que Jacques ne peut plus contenir son instinct ancestral de tueur de femmes. Le désir qui irradie Séverine appelle au meurtre, il saisit le couteau et la poignarde exactement comme le fut Grandmorin. Jacques entend « un reniflement de bête, un grognement de sanglier, un rugissement de lion ; et il se [tranquillise], [c'est] lui qui soufflait ». Il s'enfuit et Cabuche, qui trainait aux fenêtres de Séverine comme à son habitude, aperçoit un homme courir au loin vers les « ténèbres ». Il découvre le corps de Séverine, nu et ensanglanté. Honteux face à cette « nudité agonisante », il empoigne le cadavre, le dépose sur le lit et le couvre d'un drap. Dans cette action, il se tâche de sang. Misard et Roubaud sont en face de lui, hébété devant la scène du crime dont Cabuche semble l'assassin logique.

Chapitre XII

Trois mois plus tard, la machine 608 a remplacé la belle et féminine Lison. Jacques ne ressent plus le désir de tuer, il est soulagé et retrouve un « équilibre ». Cabuche et Roubaud sont accusés du meurtre de Séverine et de Grandmorin ; le mari aurait payé la brute pour se débarrasser des deux personnes et récupérer l'héritage. Denizet est fier de sa faculté d'analyse car tout se recoupe en une même affaire, qu'il a menée avec brio. Cabuche dément puis se laisse accuser car il n'ose pas dire qu'il aimait Séverine. Roubaud finit par avouer le véritable meurtre dont il est l'auteur mais Denizet pense à une mascarade. « Vouloir être juste, n'était-ce pas un leurre, quand la vérité est si obstruée de broussailles ? » et « À quoi bon dire la vérité puisque c'était le mensonge qui était logique ? » Pendant le procès, les deux accusés sont condamnés – avec un tant soi peu de clémence – à des peines de travaux forcés à perpétuité.

Cependant, Jacques n'est pas guéri, « la sourde épouvante » le reprend et le désespoir le gagne. Il tente de coucher avec Philomène, la maîtresse de Pecqueux pour tester ses instincts. Mais jaloux, Pecqueux décide de tuer le traître qui lui vole sa femme. Il tente de jeter Jacques du train mais une bagarre les emporte tous deux « sous les roues par la réaction de la vitesse […] eux qui avaient si longtemps vécu en frères ».

Pendant ce temps, le « train fou », qui transporte des soldats à l'aube de la guerre contre la Prusse, file à une allure démente dans un « galop furieux » qu'il sera difficile de dompter. « Il roulait, il roulait, dans la nuit noire, on ne savait où là-bas », « […] en bête aveugle et sourde qu'on aurait lâchée parmi la mort ».

LES RAISONS
DU SUCCÈS

La Bête humaine est un roman typique de son époque et peut être considéré sur beaucoup de points comme un témoignage de la vie durant la seconde moitié du XIXe siècle. Le monde des chemins de fer qui constitue le cadre de l'ouvrage, permet au lecteur d'aujourd'hui de comprendre la Révolution industrielle et les impacts qu'elle a eus sur les habitants de la Capitale et des provinces.

La seconde moitié du XIXe siècle connaît un essor, un souffle sans précédent avec notamment les fastes des Expositions Universelles, le développement des grands magasins et des voies de communication. Ces changements influent sur la vie quotidienne de tous les français.

C'est aussi une période de tension qui préfigure la Guerre franco-prussienne en 1870, sur lequel termine le roman de Zola. La défaite cuisante de la France marquera la fin d'une époque de grand développement, fera chuter le Second Empire mené par Louis-Napoléon Bonaparte et perdre l'Alsace-Lorraine.

Zola s'inscrit dans une nouvelle vision et utilisation de la littérature, directement liée au journalisme. La parution des romans en feuilleton connaît un succès sans précédent car elle suscite la curiosité des lecteurs qui attendent la suite avec impatience, surtout quand le roman est pétri de rebondissements et d'intrigues. Chez Zola, l'importance de l'actualité est aussi source de succès. Fervent opposant au Second Empire, l'auteur critique et dénonce les passes droits des politiques dans des romans tels que *La Bête humaine*. Le monde judiciaire est aussi pointé du doigt car les représentants de la justice dans le roman préfèrent arranger la vérité plutôt que de la laisser éclater au grand jour, et créer un scandale relatif aux pratiques de débauche du Président Grandmorin. On peut dire que la littérature romanesque du XIXe siècle permet de véhiculer des idées politiques fortes qui marquent les esprits.

Le roman-feuilleton auquel se prête de grands auteurs comme Balzac, Dickens, Féval ou Eugène Sue et ses célèbres *Mystères de Paris* traduit un véritable besoin des lecteurs.

Avide de faits divers, le peuple raffole de ces textes qui leur parlent.

L'essor de la presse ainsi que les progrès de l'alphabétisation créent un nouveau public avide d'informations et de fictions. Les chemins de fer, l'évolution de la mécanique, en somme la Révolution industrielle permet une production et une diffusion du livre optimale dans une société où tout s'accélère et se consomme. La loi Ferry instaure l'école laïque et obligatoire en 1882 et les cabinets de lecture se multiplient. Tous les éléments sont présents pour faire adhérer le peuple à la lecture.

La Bête humaine nous plonge dans l'univers des chemins de fer de l'époque, avec pour *leitmotiv*, le trajet Paris – Le Havre, vaste terrain de péripéties pour tous les protagonistes. Le lecteur découvre le monde des cheminots, les logements de fonction, les rondes et le personnel grâce à des personnages comme Roubaud le sous chef, Pecqueux le chauffeur noceur, Jacques le mécanicien discret ou encore Misard le garde barrière. Zola s'est beaucoup documenté sur les trajets et le fonctionnement des compagnies de chemins de fer. C'est avec beaucoup de réalisme – même les horaires nous sont connues avec précision – qu'il s'attache à rendre compte du microcosme ferroviaire.

Émile Zola s'inspire également des nombreux faits divers qui paraissent dans les journaux, notamment des catastrophes ferroviaires telles que l'accident de Cabbé-Roquebrune et de Groenendael.

De plus, on peut noter que Jacques Lantier, le meurtrier de femmes, fait peut-être écho au phénomène qu'est Jack l'Éventreur qui terrorise Londres et ses environs dans les années 1888 en tuant des prostituées des bas fonds.

Parmi les auteurs de l'époque, Maupassant (*Une vie*) et Alphonse Daudet se rapprochent du naturalisme, même si ce dernier ne se rattache pas officiellement au mouvement.

La Bête humaine connaît un tel succès par la suite que de nombreuses adaptations cinématographiques reprennent l'intrigue du roman. La plus célèbre est bien entendu le film éponyme de Jean Renoir sorti en 1938 dans lequel Jean Gabin incarne le mécanicien Jacques Lantier. À noter également la reprise du thème par le réalisateur Fritz Lang dans son film *Human Desire* en 1954.

LES THÈMES PRINCIPAUX

La bête humaine, selon Zola

Si Zola a eu du mal à trouver le titre du dix-septième roman de sa saga, c'est qu'il voulait un terme, une expression assez forte pour exprimer la violence meurtrière dont est capable l'être humain. La Bête humaine est humanisée ; c'est en premier lieu la Lison, la locomotive aux courbes féminines : « C'était en vérité qu'elle avait des qualités rares de brave femme », « Jacques, par tendresse, en avait fait un nom de femme, la Lison, comme il disait, avec une douceur caressante. » La vitesse et la fougue dont fait preuve la machine l'a rend comme une bête, une jument « au galop ».

Mais la bête humaine, c'est aussi et surtout l'homme qui est en proie à une bestialité héréditaire qui renvoie à la violence barbare. Dans le roman, la bête humaine c'est « l'autre », qui envahit Jacques et le pousse au meurtre jusqu'à ce qu'il ne se reconnaisse plus (« Il venait d'être emporté par l'hérédité de la violence », notez le passif, « des morsures de feu, derrière les oreilles, lui trouaient la tête, gagnaient ses bras, ses jambes, le chassaient de son propre corps, sous le galop de l'autre, la bête envahissante. ») C'est sans doute aussi Roubaud lorsqu'il est en proie à la jalousie, qu'il devient brutal, et décide de tuer Grandmorin. Zola décrit les pulsions de meurtre comme le reflet d'une monstruosité qui dévoile l'individu avant tout comme une bête aux allures d'humain.

Dans une lettre à Van Santen Kolff, Zola explique que *La Bête humaine* « c'est le progrès qui passe, allant au vingtième siècle, et cela au milieu d'un abominable drame, mystérieux, ignoré de tous. La bête humaine sous la civilisation ».

La pulsion de mort – la destruction – le meurtre – l'hérédité

Roubaud tue Grandmorin pour venger le déshonneur de sa femme Séverine. Jacques est habité par une envie de tuer les femmes dès qu'il les désire. Misard empoisonne sa femme, Tante Phasie, pour récupérer son héritage de mille francs qu'elle a caché soigneusement.

Les relations hommes-femmes sont toutes tâchées par une souillure vénale et/ou meurtrière. Grandmorin couche avec sa protégée de qui il est d'ailleurs, peut-être le père, atteignant le comble du parjure en créant une situation incestueuse. Roubaud assouvit sa pulsion de meurtre, seul moyen pour lui de survivre à cette histoire, alors que Jacques met tout en œuvre pour l'empêcher de prendre le contrôle (« […] lui que l'envie en torturait depuis dix ans ! Il y avait dans sa fièvre, un mépris de lui-même et de l'admiration pour l'autre »).

La tension est constamment à son comble dans *La Bête humaine* et finit par habiter les personnages. Cette pulsion de mort qu'on appelle *thanatos*, a des conséquences destructrices pour celui qui la vit. Le meurtre appelle le meurtre et les protagonistes s'enlisent dans le mal de génération en génération, sans possibilité de rémission. Cela fait écho aux tragédies grecques telles qu'*Œdipe Roi* ou le personnage de Médée.

Les trois citations suivantes expriment à la perfection la notion de naturalisme chère à Zola. Jacques est comme impuissant face au déterminisme. Il est la victime de ses ancêtres. Eux ont tué, lui est voué à tuer, à sentir émerger en lui un autre qui le pousse à la fatalité du crime et de la violence. Il est dépossédé ou possédé par ses gènes. Rappelons que sa famille est marquée par l'alcoolisme et la violence meurtrière qui en découle.

Zola mêle également au thème de l'hérédité la notion complexe de crime et s'inscrit alors dans l'émergence d'une nouvelle discipline, la criminologie, qui tente d'expliquer les causes du crime selon des principes scientifiques : « Tandis que des morsures de feu, derrière les oreilles, lui trouaient la tête, gagnaient ses bras, ses jambes, le chassaient de son propre corps, sous le galop de l'autre, la bête envahissante. », « La porte d'épouvante s'ouvrait sur ce gouffre noir du sexe, l'amour jusque dans la mort, détruire pour posséder davantage. », « […] ce n'était plus lui qui agissait, mais l'autre, celui qu'il avait senti si fréquemment s'agiter au fond de son être, cet inconnu venu de très loin, brûlé de la soif héréditaire du meurtre. Il avait tué jadis, il voulait tuer encore. »

La souillure et le désir

À l'origine du roman, il y a une souillure ; celle du Président Grandmorin qui profite de jeunes filles. Comme dans les tragédies grecques, de cette faute va découler des vagues de violence et de meurtres avec comme seule alternative, la mort pour rompre le sort.

Le désir appelle la mort en ce qui concerne Jacques et Roubaud. Jacques, ne peut considérer les charmes d'une femme sans vouloir « tuer la proie » et la mettre comme une peau de bête sur son dos ; signe ultime de possession.

Roubaud, quant à lui, tue Grandmorin parce qu'il est possessif et non par amour : « Et dans la nuit trouble de sa chair, au fond de son désir souillé qui saignait, brusquement se dressa la nécessité de la mort. » À cet instant, Roubaud décide du meurtre comme une condition sine qua none de la survie de son couple.

Jacques et Séverine sont tous les deux salis ; le premier par l'envie de meurtre qui est un fardeau hérité de ses ancêtres, la seconde par la débauche de Grandmorin et « les appétits brutaux » de son mari. Ensemble, ils semblent « retourner à l'enfance », au temps d' « avant la souillure » et Jacques entrevoit « sa guérison, chaque jour […] plus certaine ». Ils se complaisent dans cette sensation de recommencement et de virginité, loin des cicatrices du passé.

Ils sont malheureusement rattrapés par la réalité après quelques mois idylliques. Si le désir est d'abord pur et salvateur pour le couple d'amants, il prend des proportions telles que le mal s'y insinue et dévoile sa fatalité. Jacques finit par tuer Séverine, la femme aux yeux « pervenche » dont il est pourtant épris : « La femme, il l'avait tuée, il la possédait, comme il désirait depuis si longtemps la posséder, toute entière, jusqu'à l'anéantir. »

Le désir sous toutes ses formes est synonyme de destruction ; même le désir d'argent conduit au meurtre puisque Misard tue sa femme pour un trésor qu'il ne trouvera sans doute jamais. Tante Phasie préfère mourir et accepter d'être empoisonnée plutôt que de céder son bien. Cette histoire, extrêmement pathétique, met mal à l'aise le lecteur.

ÉTUDE DU MOUVEMENT LITTÉRAIRE

Émile Zola a en partie créé le naturalisme pendant la seconde moitié du XIXe siècle alors que le mouvement se développait en peinture avec des artistes tels que Millet ou Courbet. Lié au réalisme, le naturalisme poursuit l'idée d'une imitation de la réalité. En plus de cette volonté d'exactitude, transparaît l'idée que l'individu est influencé par son milieu social. On peut y voir les prémices de la sociologie moderne. Le naturalisme dévoile de véritables ambitions scientifiques. Les influences de Zola sont les sciences naturelles, le positivisme (« seule l'analyse et la connaissance des faits réels vérifiés par l'expérience peuvent expliquer les phénomènes du monde sensible ») puis la médecine expérimentale.

Il s'inspire également de *L'Introduction à l'étude de la médecine expérimentale* de Claude Bernard paru en 1865. Zola utilise un vocabulaire scientifique et se rapproche du savant qui émet des hypothèses et analyse ces situations. C'est aussi l'époque de la publication de *De l'origine des espèces* du naturaliste anglais Darwin traduit en France en 1862, ouvrage qui s'attache à expliquer les raisons de l'évolution de l'homme.

La pensée de Zola est également marquée par la philosophie de Schopenhauer dans laquelle le pessimisme occupe une place majeure dans l'existence de l'homme. Selon lui, l'homme est destiné à souffrir et mourir et construit une représentation du monde selon, notamment, ses perceptions corporelles. Sa vision peut se résumer ainsi : « La vie oscille donc comme un pendule, de la souffrance à l'ennui. »

Les auteurs naturalistes s'intéressent aux différentes classes sociales, de la bourgeoisie au prolétariat. Artistes, prostituées, cheminots ou encore commerçants sont au cœur des intrigues. Les sentiments amoureux, le désir et ses conséquences sur les individus sont des thèmes omniprésents. Ce qui les différencie du réalisme est cette volonté de se centrer sur l'individu dans sa vie quotidienne, comme le monde des paysans ou des ouvriers. L'homme dans sa simplicité semble au cœur de leurs préoccupations littéraires.

Zola comme beaucoup d'auteurs de son époque, vit de sa plume mais ne vivra jamais dans l'opulence du succès. Très proche des artistes et des gens en général, sa position d'observateur lui vaut de pouvoir écrire sur tous les milieux sociaux. Il fait partie d'un cercle d'artistes avec lequel il organise chez lui les soirées de Médan, où l'on discute littérature, art et critique d'art avec Guy de Maupassant, J.-K. Huysmans, Henry Céard, Léon Hennique et Paul Alexis. Un recueil de nouvelles paraîtra d'ailleurs en hommage à ces soirées en 1880.

Maupassant, dans sa préface de *Pierre et Jean*, publié en 1888 et considéré comme une œuvre naturaliste, évoque son objectif d'écriture :

« Le réaliste, s'il est artiste, cherchera, non pas à nous donner une photographie banale de la vie, mais à nous donner la vision la plus complète, plus saisissante, plus probante que la réalité même. »

Il traduit ainsi la mission de l'auteur ; volonté d'exactitude et authenticité poussées à l'extrême.

DANS LA MÊME COLLECTION
(par ordre alphabétique)

- **Anonyme**, *La Farce de Maître Pathelin*
- **Anouilh**, *Antigone*
- **Aragon**, *Aurélien*
- **Aragon**, *Le Paysan de Paris*
- **Austen**, *Raison et Sentiments*
- **Balzac**, *Illusions perdues*
- **Balzac**, *La Femme de trente ans*
- **Balzac**, *Le Colonel Chabert*
- **Balzac**, *Le Lys dans la vallée*
- **Balzac**, *Le Père Goriot*
- **Barbey d'Aurevilly**, *L'Ensorcelée*
- **Barbey d'Aurevilly**, *Les Diaboliques*
- **Bataille**, *Ma mère*
- **Baudelaire**, *Les Fleurs du Mal*
- **Baudelaire**, *Petits poèmes en prose*
- **Beaumarchais**, *Le Barbier de Séville*
- **Beaumarchais**, *Le Mariage de Figaro*
- **Beauvoir**, *Mémoires d'une jeune fille rangée*
- **Beckett**, *En attendant Godot*
- **Beckett**, *Fin de partie*
- **Brecht**, *La Noce*
- **Brecht**, *La Résistible ascension d'Arturo Ui*
- **Brecht**, *Mère Courage et ses enfants*
- **Breton**, *Nadja*
- **Brontë**, *Jane Eyre*
- **Camus**, *L'Étranger*
- **Carroll**, *Alice au pays des merveilles*
- **Céline**, *Mort à crédit*

- **Céline**, *Voyage au bout de la nuit*
- **Chateaubriand**, *Atala*
- **Chateaubriand**, *René*
- **Chrétien de Troyes**, *Perceval ou le conte du Graal*
- **Chrétien de Troyes**, *Yvain ou le Chevalier au lion*
- **Cocteau**, *La Machine infernale*
- **Cocteau**, *Les Enfants terribles*
- **Colette**, *Le Blé en herbe*
- **Corneille**, *Le Cid*
- **Crébillon fils**, *Les Égarements du cœur et de l'esprit*
- **Defoe**, *Robinson Crusoé*
- **Dickens**, *Oliver Twist*
- **Du Bellay**, *Les Regrets*
- **Dumas**, *Henri III et sa cour*
- **Duras**, *L'Amant*
- **Duras**, *La Pluie d'été*
- **Duras**, *Un barrage contre le Pacifique*
- **Flaubert**, *Bouvard et Pécuchet*
- **Flaubert**, *L'Éducation sentimentale*
- **Flaubert**, *Madame Bovary*
- **Flaubert**, *Salammbô*
- **Gary**, *La Vie devant soi*
- **Giraudoux**, *Électre*
- **Giraudoux**, *La Guerre de Troie n'aura pas lieu*
- **Gogol**, *Le Mariage*
- **Homère**, *L'Odyssée*
- **Hugo**, *Hernani*
- **Hugo**, *Les Misérables*
- **Hugo**, *Notre-Dame de Paris*
- **Huxley**, *Le Meilleur des mondes*
- **Jaccottet**, *À la lumière d'hiver*
- **James**, *Une vie à Londres*
- **Jarry**, *Ubu roi*

- **Kafka**, *La Métamorphose*
- **Kerouac**, *Sur la route*
- **Kessel**, *Le Lion*
- **La Fayette**, *La Princesse de Clèves*
- **Le Clézio**, *Mondo et autres histoires*
- **Levi**, *Si c'est un homme*
- **London**, *Croc-Blanc*
- **London**, *L'Appel de la forêt*
- **Maupassant**, *Boule de suif*
- **Maupassant**, *Le Horla*
- **Maupassant**, *Une vie*
- **Molière**, *Amphitryon*
- **Molière**, *Dom Juan*
- **Molière**, *L'Avare*
- **Molière**, *Le Malade imaginaire*
- **Molière**, *Le Tartuffe*
- **Molière**, *Les Fourberies de Scapin*
- **Musset**, *Les Caprices de Marianne*
- **Musset**, *Lorenzaccio*
- **Musset**, *On ne badine pas avec l'amour*
- **Perec**, *La Disparition*
- **Perec**, *Les Choses*
- **Perrault**, *Contes*
- **Prévert**, *Paroles*
- **Prévost**, *Manon Lescaut*
- **Proust**, *À l'ombre des jeunes filles en fleurs*
- **Proust**, *Albertine disparue*
- **Proust**, *Du côté de chez Swann*
- **Proust**, *Le Côté de Guermantes*
- **Proust**, *Le Temps retrouvé*
- **Proust**, *Sodome et Gomorrhe*
- **Proust**, *Un amour de Swann*
- **Queneau**, *Exercices de style*

- **Quignard**, *Tous les matins du monde*
- **Rabelais**, *Gargantua*
- **Rabelais**, *Pantagruel*
- **Racine**, *Andromaque*
- **Racine**, *Bérénice*
- **Racine**, *Britannicus*
- **Racine**, *Phèdre*
- **Renard**, *Poil de carotte*
- **Rimbaud**, *Une saison en enfer*
- **Sagan**, *Bonjour tristesse*
- **Saint-Exupéry**, *Le Petit Prince*
- **Sarraute**, *Enfance*
- **Sarraute**, *Tropismes*
- **Sartre**, *Huis clos*
- **Sartre**, *La Nausée*
- **Senghor**, *La Belle histoire de Leuk-le-lièvre*
- **Shakespeare**, *Roméo et Juliette*
- **Steinbeck**, *Les Raisins de la colère*
- **Stendhal**, *La Chartreuse de Parme*
- **Stendhal**, *Le Rouge et le Noir*
- **Verlaine**, *Romances sans paroles*
- **Verne**, *Une ville flottante*
- **Verne**, *Voyage au centre de la Terre*
- **Vian**, *J'irai cracher sur vos tombes*
- **Vian**, *L'Arrache-cœur*
- **Vian**, *L'Écume des jours*
- **Voltaire**, *Candide*
- **Voltaire**, *Micromégas*
- **Voltaire**, *Zadig*
- **Zola**, *Au Bonheur des Dames*
- **Zola**, *L'Argent*
- **Zola**, *L'Assommoir*
- **Zola**, *Nana*